D1697620

Egon Kästel

Die Rheinauen – ein Naturparadies

Bilder einer artenreichen und schützenswerten Landschaft

verlag regionalkultur

Meiner lieben Frau Martha

Titelbildnachweis:	Dicht bewachsenes Ufer am Federbach
Titel:	Die Rheinauen – ein Naturparadies
Herausgeber:	Egon Kästel
Bildnachweis:	Alle Fotografien stammen von Egon Kästel.
Text:	Egon Kästel und Jürgen Alberti
Herstellung:	verlag regionalkultur (vr)
Satz und Gestaltung:	Harald Funke (vr)
Umschlaggestaltung:	Jochen Baumgärtner (vr)

ISBN 978-3-89735-553-8

Bibliografische Information der Deutschen Bibliothek
Die Deutsche Bibliothek verzeichnet diese Publikation in der Deutschen Nationalbibliografie; detaillierte bibliografische Daten sind im Internet über http://dnb.ddb.de abrufbar.

Diese Publikation ist auf alterungsbeständigem und säurefreiem Papier (TCF nach ISO 9706) gedruckt entsprechend den Frankfurter Forderungen.

Alle Rechte vorbehalten.
© 2009 verlag regionalkultur

verlag regionalkultur
Ubstadt-Weiher • Heidelberg • Neustadt a.d.W. • Basel
Korrespondenzadresse:
Bahnhofstraße 2 • D-76698 Ubstadt-Weiher
Tel. 07251 36703-0 • Fax 07251 36703-29
E-Mail kontakt@verlag-regionalkultur.de
Internet www.verlag-regionalkultur.de

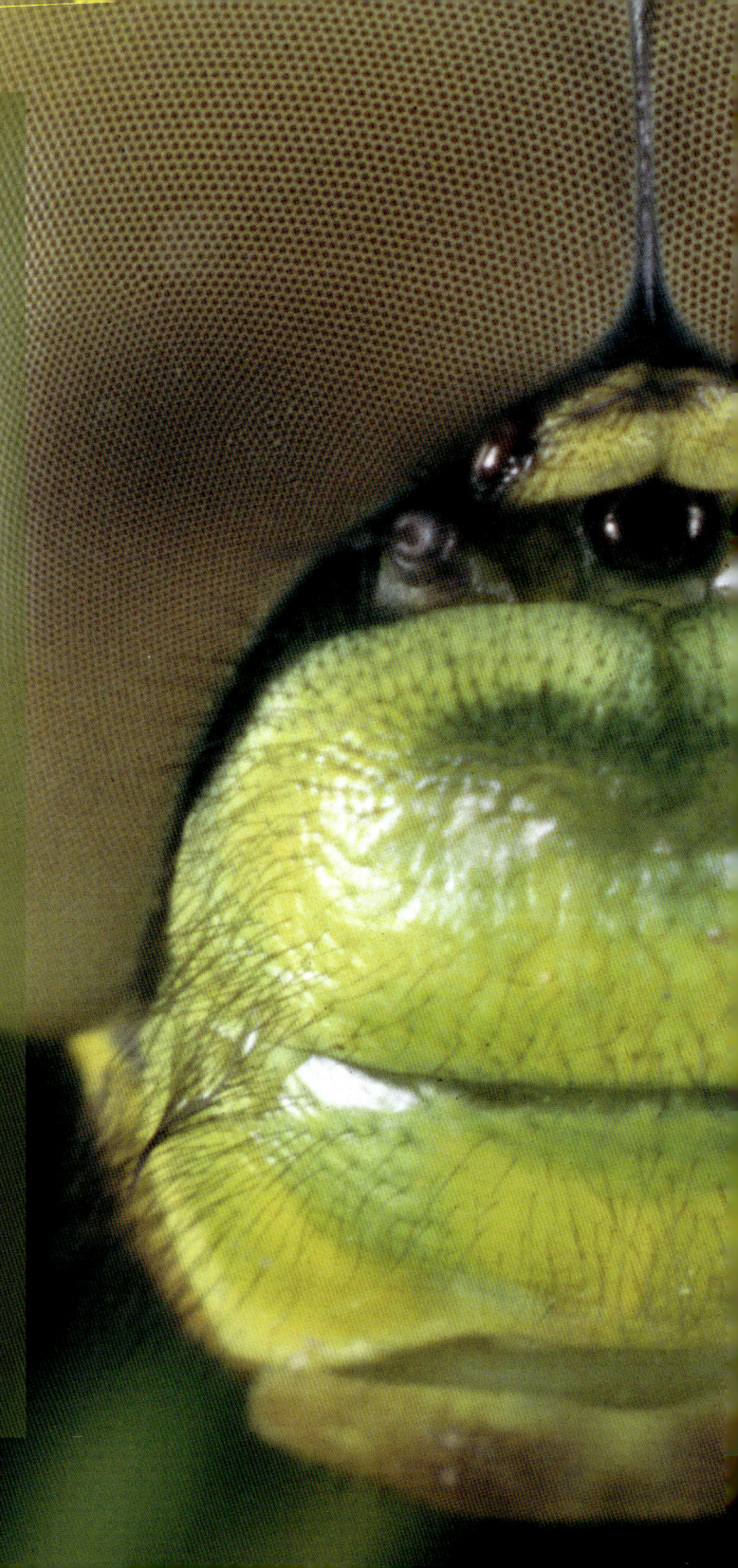

Die Rheinauen von Au am Rhein bis Karlsruhe und das Markgräfliche Gewässer bilden dank ihres Artenreichtums an Pflanzen und Tieren eine einzigartige Landschaft. Mit ihren undurchdringlichen Ufern bieten die Altrheinarme ebenso wie der Federbach für Vögel hervorragende Brutgelegenheiten und für andere Tiere ein wertvolles Rückzugsgebiet. Schließlich verändert der stetige Wechsel von Niedrig- und Hochwasser die Auen immer wieder.

Der Fotograf Egon Kästel

Die vielfältige Flora und Fauna des zum größten Teil unter Naturschutz stehenden Gebietes zu erhalten, ist eine wichtige Aufgabe. Die etwa 300 Landschafts-, Nah- und Makroaufnahmen in diesem farbenprächtigen Bildband regen an, die Rheinauen mit anderen Augen wahrzunehmen, und dokumentieren zugleich die Bedeutung des Naturschutzes.

Egon Kästel, geboren 1931 in Forchheim, ist ein leidenschaftlicher Naturfotograf. Seit mehreren Jahrzehnten beobachtet und fotografiert er die Natur in seiner Heimat ebenso wie auf seinen vielen Reisen ins europäische Ausland. Aus seinem umfangreichen Archiv hat er für diesen Bildband einen Querschnitt von Fotografien der Rheinauen aus den letzten 45 Jahren zusammengestellt.

Mit diesem Bildband hat sich Egon Kästel einen seit langer Zeit gehegten Wunsch erfüllt. Erstmals macht er seine fotografischen Schätze einem naturbegeisterten Leserkreis zugänglich.

Das Komplexauge der Libelle ist aus tausenden bienenwabenförmigen Facettenaugen zusammengesetzt.

Das Weingartener Moor (1965), Naturschutzgebiet seit 1940

Ein Männchen der Gebänderten Prachtlibelle bewacht sein Revier.

Wenn wir im April den Rheinwald betreten, kommt uns schon ein starker Bärlauchgeruch entgegen.

Blütenstand des Bärlauch: lauter kleine „Lilien"

Von März bis April blüht der Hohle Lerchensporn in dem kleinen Naturschutzgebiet bei Würmersheim. Mit Hilfe seiner hohlen Knolle kann er schon vor dem Laubaustrieb blühen.

Die Lerchenspornblüte ist perfekt an Schmetterlinge angepasst: Der Rüssel muss in den Sporn.

Berberitze am Ententeich bei Daxlanden. Ein Zweig mit den kugeligen, gelben Blüten und im Herbst mit den hochroten, länglichen Früchten (1985).

Die Früchte erklären den Namen „Sauerdorn".

Das Hain-Veilchen blüht schon sehr früh im Jahr und ist in Wäldern der Rheinebene weit verbreitet.

Veilchenblüte

Kreislauf der Natur: neues Leben, bestehend aus Moosen, Flechten und Pilzen auf absterbendem Holz

Die Einbeere, eine Pflanze der Rheinauen, ist hier durch ein welkes Blatt gewachsen.

Die unscheinbare Blüte fällt nur durch die Staubgefäße auf.

Dicht bewachsenes Ufer (1974 am Federbach, von der Brücke aus aufgenommen)

Sonnenuntergang (1997 am Zollhaus bei Neuburgweier)

Das Tagpfauenauge besucht zur Nahrungsaufnahme viele Blumen, legt seine Eier aber nur an der Brennnessel ab, der Futterpflanze für die Raupen.

Raupen des Tagpfauenauges, erkennbar an den weißen Punkten. Da die Eier in Gelegen an die Brennnesselblätter geklebt werden, können auf einer Pflanze viele Tiere vorkommen.

Auch der Admiral legt seine Eier in Blatttüten an der Brennnessel ab. Er ist ein Wanderfalter, der im Frühjahr ab Mai aus dem Mittelmeerraum auftaucht und im Oktober wieder abwandert. Seit einigen Jahren überwintert er aber auch bei uns.

Die Seekanne ist eine sehr seltene Schwimmblatt-Pflanze. Sie liebt sommerwarme Lagen und wächst in Wassertiefen bis 1,50 Meter, ohne im Grund verwachsen zu sein (1972 bei Leopoldshafen).

Der Purpurreiher ist mit wenigen Paaren in der Wagbachniederung vertreten. Er ist etwas kleiner als der Graureiher, steht aber selten so frei (2002).

Der Graureiher ist nicht wählerisch bei der Nahrungssuche. Er fischt am Wasser, fängt aber auch Mäuse und Insekten überall in der Agrarlandschaft.

Die Waldschlüsselblume ist überall im Auenwald in Büscheln, nicht aber in großen Flächen zu finden. Sie braucht den feuchten und an Nährstoffen reichen Boden.

Ein Schmetterling wurde von einer Krabbenspinne gefangen.

Krabbenspinnen bauen keine Fangnetze, sondern lauern oft tagelang auf einer Blüte auf ein Opfer. Ihr Speichel löst die Beute innen auf, und dann wird sie aufgesaugt.

Das Buschwindröschen und auch das Gelbe Windröschen blühen in großen Flächen in der Rheinaue.

Die Gelbe Anemone ist viel seltener und hat meist zwei Blüten pro Stängel.

Ein Grünfink an der Tränke

Auch ein im Wasser liegender Baumstamm wird sofort besiedelt (1992 im Baggersee Daxlanden).

Der Wollige Schneeball mit seinen cremefarbenen Blüten wächst an Waldrändern und Waldwegen. Die roten und schwarzen Früchte sind nebeneinander sehr dekorativ (1991 am Ententeich).

Der scheue Eichelhäher beim Baden
(2000 am Hedel)

Turteltaube beim Trinken an einem Waldweg beim Entensee

Kanadagänse (2006 am Fermasee). Die Kanadagans ist eigentlich in Nordamerika zu Hause, verwilderte aber und ist als freifliegender Parkvogel gelegentlich, inzwischen das ganze Jahr über, bei uns auf Feldern, Wiesen und am Wasser zu finden.

Nächste Doppelseite:
Sonnenuntergang
(2001 am Fermasee)

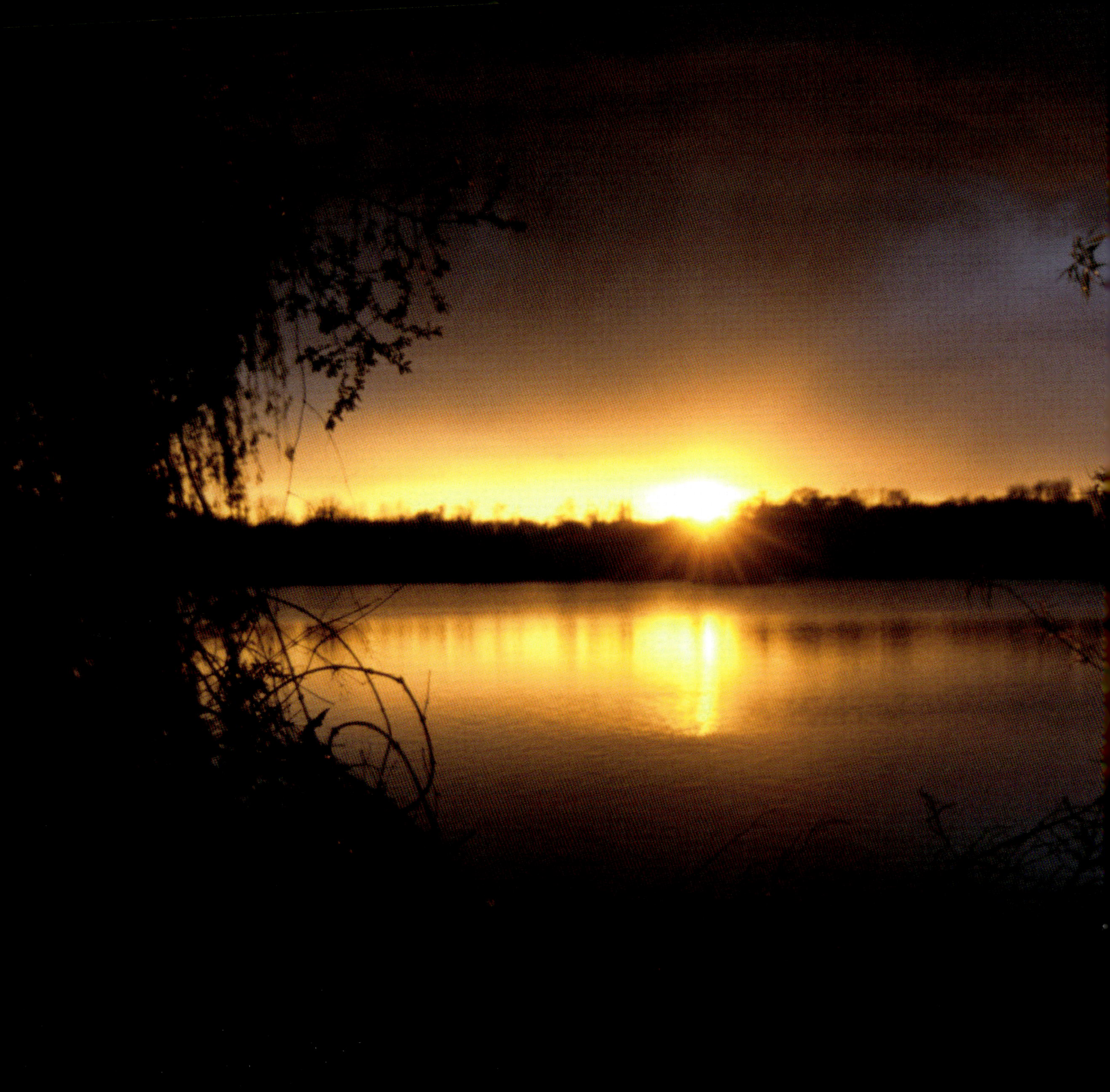

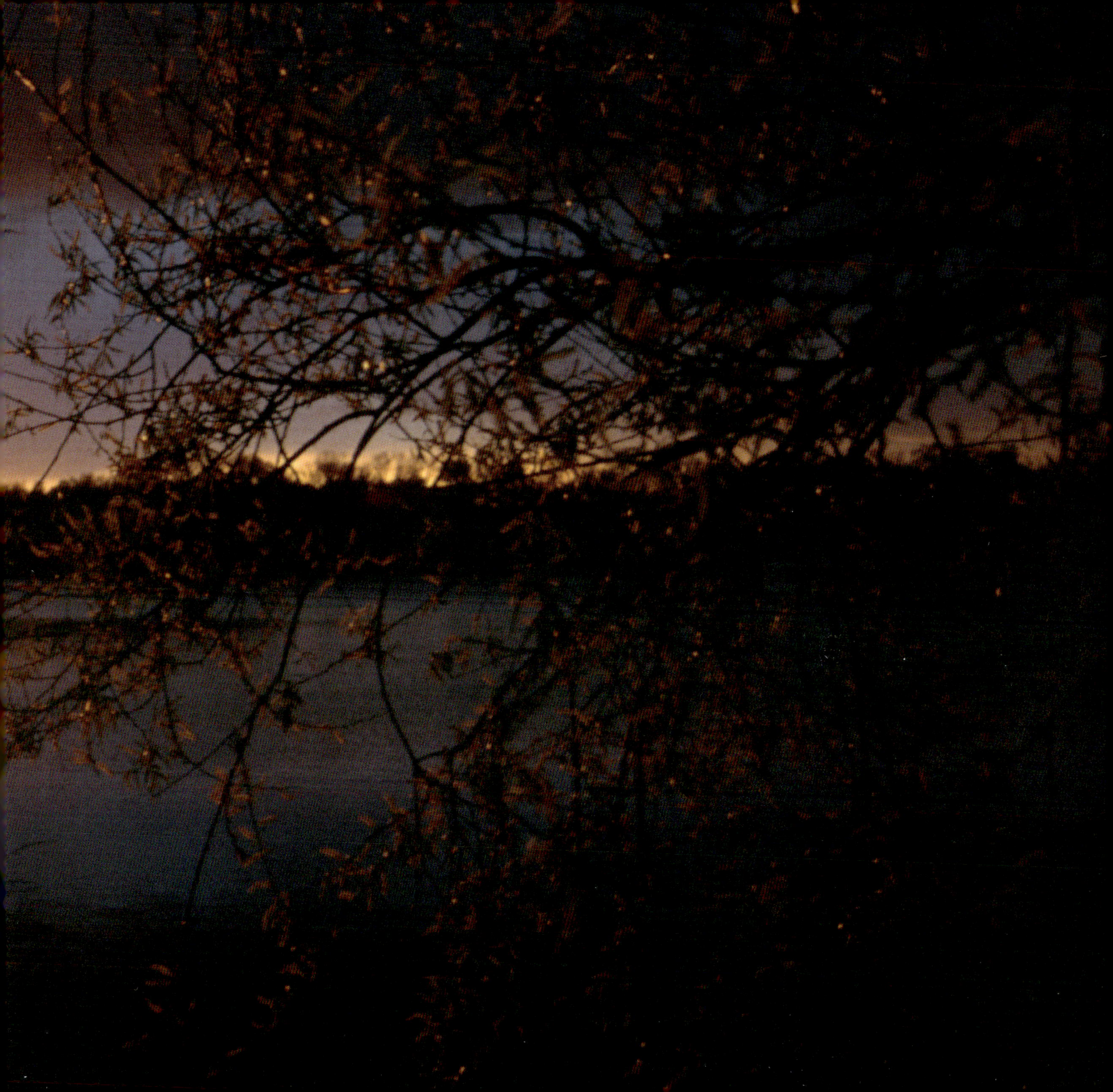

Der Gemeine Schneeball ähnelt dem Wolligen Schneeball. Die Randblüten sind stärker aufgeblüht als die inneren und bilden den Schauapparat. Ihr Duft lockt dann vor allem Fliegen an.

Schlehdornbüsche (1995 am ersten Damm in Au am Rhein). Die blauen Beeren können zum Ansetzen von Schnaps verwendet werden, aber auch für Marmelade und Kompott.

Der Blütenstand des Aronstabes wird von einem grünen Hüllblatt umgeben. Von seiner glatten Oberfläche fallen kleine Schmetterlingsmücken in den Kessel unten. Während der Gefangenschaft dort sorgen sie für die Bestäubung der einzelnen Blüten (Kesselfallenblume).

Die Wiesenschlüsselblume ist eine bei uns seltene und geschützte Art. Sie gedeiht auch auf Trockenrasen und hat orangefarbene Flecken auf den Blütenblättern.

Der Holunderstrauch mit seinen weißen Blütendolden, aus denen die schwarzen Beeren werden. Die große medizinische Bedeutung erkannten schon die Germanen. Der Baum war ihnen heilig, und sie weihten ihn der Göttin Freya, volkstümlich „Frau Holle". Deren Namen trägt der Strauch immer noch.

Zu den Bläulingen gehören einige unserer schönsten Schmetterlinge.

Das Männchen des Waldbrettspiels sitzt oft frei und verteidigt sein Revier gegen andere Männchen.

Zweiblättriger Blaustern, ein Liliengewächs am Fermasee. Schaut man sich auf einer Karte seine Verbreitung an, weiß man, warum er zu den „Stromtalpflanzen" zählt.

Die Hasel mit ihren hängenden männlichen Kätzchen und den weiblichen Blüten mit roten Narbenbüscheln. Die Bestäubung übernimmt der Wind im noch blattlosen Frühjahrswald.

Das Purpurknabenkraut, eine unserer größten Orchideen im Rheinwald, entfaltet seine Blütenstände von Anfang bis Mitte Mai fast immer im Halbschatten. Keine zwei Pflanzen gleichen sich im Muster der Einzelblüten.

Blütenähre

Einzelblüte. Die Haare auf der Lippe locken als vermeintliches Futter Insekten an.

Das Helmknabenkraut braucht viel Licht und blüht ab Anfang Mai auf den Rheindämmen. Es ist eine Orchidee, die noch weit verbreitet ist.

Die Blütenähre enthält bis zu 60 Einzelblüten. Über den oberen Teil wölbt sich die Oberlippe wie ein Helm. Häufig finden sich Honigbienen ein, obwohl es weder Blütenstaub noch Nektar als Nahrung zu holen gibt.

Einzelblüte

Federbachbrücke

Maiglöckchen

Sommerknotenblume

Vielblütiges Salomonsiegel

Überall am Wasser, an Gräben und auf feuchten Wiesen kann man die Sumpfschwertlilie finden.
Aus den Wiesen wurde sie immer verdrängt, weil sie für das Vieh sehr giftig ist. Die Rhizome verwendete man früher zum Gerben von Leder.

Das Erdkrötenweibchen trägt das kleinere Männchen zum Laichgewässer. Da es immer mehr Männchen als Weibchen gibt, können es auch zwei sein.

Der Grasfrosch ist nur zum Laichen und Überwintern im Wasser. Junge Tiere trifft man auch tagsüber an, ältere nur ab der Dämmerung. Der Grasfrosch lässt sich als schlechter Springer leicht fangen.

Laubfrösche sind die einzigen Lurche, die sehr gut klettern können. Die Winzlinge machen in größerer Zahl einen Höllenlärm.

Der Wasserfrosch bleibt ein Leben lang seinem Tümpel treu.
Er liebt kleine Gewässer und meidet das fließende Wasser.

Der Fasanenhahn ist ein sehr bunter Vogel mit glänzend grünem Kopf, weißem Halsring und roten Lappen über den Augen. Einst von Jägern eingeführt, gehört er heute zur einheimischen Vogelwelt.

Das Blätterdach des Waldes wird im Sommer so dicht, dass es oft kein Sonnenlicht durchlässt (1965 nördlich der Federbachbrücke).

Der Feldhase lebt in einem bestimmten Revier, dem er nach Möglichkeit ein Leben lang treu bleibt.

Nördlich der Dammfeldsiedlung war 2007 ein schönes Rapsfeld.

An Gebüsch und Wegrändern wachsen Nesseln ohne Brennhaare:
links die Goldnessel, rechts die Gefleckte Taubnessel.

An Wegrändern und in Nähe der Siedlungen wächst die Weiße Taubnessel.

Die Bachnelkenwurz bevorzugt als Standort nasse Wiesen. Da diese größtenteils trockengelegt wurden, ist sie selten geworden.

Die Grünliche Waldhyazinthe ist wie alle Orchideen streng geschützt. Sie bevorzugt lichte Wälder und feuchte Wiesen. Der lange Sporn zeigt an, dass Schmetterlinge bestäuben müssen.

Die Zweige des Besenginsters wurden früher tatsächlich zur Herstellung von Besen verwendet (1969 am Gestadebruch in Mörsch).

„Butterblumenwiese" mit scharfem Hahnenfuß auf der „Insel" mit altersschwachem Baum im Hintergrund (2006).

Makroaufnahme eines Laubmooses mit Sporenkapseln. Daraus fallen winzige Sporen, aus denen dann wieder neue Moospflänzchen werden.

Silberweidenwald (1991 im Kastenwörth). Silberweiden vertragen monatelanges Hochwasser ohne Schaden und wachsen sehr schnell. Auf und in ihnen leben andere Pflanzen und Tiere. Sie haben neben der ästhetischen also auch große ökologische Bedeutung.

Wiedehopfe brauchen Baumhöhlen oder Mauerlöcher (z. B. in Feldscheuern oder Weinbergsmauern). Als Nahrung dienen Insekten, die sie aus lockeren Böden holen oder aus Tierdung auf den Straßen.

In den sechziger Jahren hat der Wiedehopf bei uns noch gebrütet. Jetzt beginnt man durch Aufstellen von Nisthilfen an passenden Stellen den Versuch einer Wiederansiedlung.

Die Hufeisenazurjungfer, unsere häufigste Kleinlibelle, besiedelt stehende Gewässer.

Das „Paarungsrad" der Hufeisenazurjungfer dient der komplizierten Übertragung der Spermien des Männchens auf das Weibchen.

So schön dieses Kugelgespinst auch aussieht, man sollte es nicht anfassen, da man von der Dornfingerspinne, der einzigen heimischen Giftspinne, schmerzhaft gebissen werden kann.

Das C beim C-Falter ist nur bei geschlossenen Flügeln sichtbar. Er lebt im Auwald, kommt aber auch in Gärten und an Fallobst vor.

Der Hirschkäfer ist der größte mitteleuropäische Käfer. Das Männchen hat zwei geweihartige Oberkiefer, beim Weibchen sind diese nur angedeutet. Bei Kämpfen um ein Weibchen kommt es zu heftigen Auseinandersetzungen.

Diese wunderbare Spinne gehört zur Familie der Streckerspinnen und ist dank ihrer Tarnfärbung nur selten so gut zu sehen.

Kreuzspinnen gehören zur Familie der Radnetzspinnen. Die Weibchen sitzen im Nest, meist aber mit einem Signalfaden verbunden in der Deckung.

Paarungsrad der Kleinen Pechlibelle. Für die Libellenliebhaber ist sie die typische „Kiesgrubenlibelle".

Auf nassen Wiesen und in feuchten Brachäckern gedeiht der Sumpfschachtelhalm.

Misteln wachsen bei uns vor allem auf Pappeln, und die sind in der Rheinaue sehr häufig.
Vögel, vor allem Misteldrosseln, schmieren die klebrigen Samen nach dem Fressen der Beeren beim Putzen der Schnäbel auf Äste und Rinde.

Die Vogelnestwurz ist eine Orchidee ohne Blattgrün. Sie muss deshalb ihre Nährstoffe von einem Pilz bekommen, mit dem sie in ihrer Wurzel zusammenlebt.

Der Trauermantel ist ein großer Falter mit einer Flügelspannweite von bis zu 70 Millimetern. Er schätzt die Weichholzaue und die Ränder von Gewässern.

Die Raupen des Trauermantels kann man an verschiedenen Weiden finden.

Die dicht bewachsenen Ufer am Federbach bieten vielen Tieren guten Unterschlupf.

Auf halbtrockenen Plätzen gedeiht die Moschusmalve.

In flachen, stehenden Gewässern wächst die sehr seltene Wasserfeder. Sie ist verwandt mit den Schlüsselblumen, daher auch „Wasserprimel".

Rothalsbockkäfer

Distelbockkäfer

Schulterbockkäfer

Der Fruchtstand einer Segge, etwas näher betrachtet. Seggen sind „Riedgräser", also Pflanzen feuchter Wuchsorte, die Gräsern nur ähnlich sehen. Früher mähte man solche „Ried- oder Sauerwiesen" im Spätherbst und verwendete das Material als Einstreu für die Ställe der Tiere.

Das Weibchen der Wespenspinne auf ihrem Kokon und ihrem Radnetz mit dem weißen Zickzackband. Das Radnetz wird knapp über dem Boden gebaut, um Tiere bis zur Größe von Heuschrecken zu fangen.

Nach dem metallischen Glanz hieß der Eis(en)vogel schon im Althochdeutschen „isfogal".
Da er in der kalten Jahreszeit an noch offenen Gewässern gut sichtbar jagt, trifft auch der Name Martinsvogel oder Wintervogel zu.

Ein bettelnder Jungvogel schaut nach den futterbringenden Eltern. Eines hat den Fisch bereits mundgerecht längs im Schnabel.
Eisvögel fliegen pfeilartig dicht über die Wasseroberfläche und graben ihre Bruthöhlen an steilen Ufern.

Der Zitronenfalter überwintert völlig frei am Boden und fliegt deshalb schon im zeitigen Frühjahr. Dabei findet er z.B. bereits reichlich Nahrung im Lerchensporn.

Meistens geht man achtlos an den schönen „Grasblüten" vorbei. Als Pflanzen, die vom Wind bestäubt werden, sind sie unscheinbar gefärbt, haben aber lange, leicht bewegliche Staubbeutel und federartige Narben. Oben rechts ist eine Segge zu sehen, die nur aussieht wie ein Gras.

73

Das Männchen der Zauneidechse hat besonders zur Paarungszeit im Frühjahr eine ausgeprägte Färbung.

Von den vielen Heuschreckenarten ist hier ein Exemplar einer Kurzfühlerschrecke, ein Grashüpfer, abgebildet.

Schnaken sind nicht zu verwechseln mit unseren Stechmücken im Auwald. Schnaken sind zerbrechlich wirkende, nichtstechende Tiere mit langen Beinen. Kohlschnaken hängen bei der Begattung oft stundenlang zusammen.

Echtes Springkraut („Rühr mich nicht an"). Beim Berühren der Samenkapsel springt diese auf und verstreut den darin enthaltenen Samen.

Beim Großen Blaupfeil sind die letzten Ringe des Hinterleibes schwarz.
Hier sonnt sich ein Männchen.

Die Sumpf-Stendelwurz ist aus der Nähe eine prachtvolle Orchidee, die bei uns leider selten geworden ist. Wenn sie vorkommt, dann oft sehr gesellig.

Die Marienkäfer und vor allem die Larven vertilgen große Mengen an Blattläusen.

Einfallende Sonnenstrahlen am Federbach bei sehr niederem Wasserstand.

Beide Geschlechter des Wiesenpiepers sind unauffällig braun gestreift.

Selten sitzt die Dorngrasmücke so frei auf einer Brombeerhecke und singt ihr Geplapper.

Der Kiebitz gehört zu den „Limicolen", das sind langbeinige Vögel am Wasser. Er legt seine Eier in kleine Bodenmulden in Wiesen und Felder. Dort wächst heute durch Dünger die Vegetation so schnell, dass kaum noch eine Brut erfolgreich hochkommt.

Erpel der Kolbenente

Schwarzhalstaucher

Tafelentenerpel

Drei Vogelarten, die in der Wagbachniederung, einer alten Rheinschleife, ihre Brutgeschäfte verrichten.

Die Reiherente war ein Teilzieher, ist aber in den letzten Jahren bei uns auch Brutvogel geworden.

Die Biberratte, Sumpfbiber oder Nutria wurde bei uns als Nerzersatz gezüchtet. Gefangenschaftsflüchtlinge und ausgesetzte Tiere verwildern schnell.

Der Mittelspecht ist ein Höhlenbrüter und zimmert sich zu jeder Brut eine neue Höhle, die nach der Brut auch von anderen Vögeln benutzt werden kann. Dafür braucht er Altholz, und hier liegt die Ursache für seine Seltenheit.

Morgentau an Spinnengewebe und an Gräsern

Sonnenaufgang bei schwachem
Morgennebel bei der „Insel"

Igel gehören mit über 70 Millionen Jahren
Geschichte dieser Tierform zu den ältesten
Säugetieren der Erde.

Ein schöner Teil des Federbachs mit seiner undurchdringlichen Ufervegetation liegt zwischen Neuburgweier und dem Altrhein bei Daxlanden.

Eiablage der Blaugrünen Mosaikjungfer. Sie kommt gern an Gartenteiche.
Die verschiedenen Phasen der Geburt einer Libelle sehen wir auf den nächsten beiden Seiten.

90

91

Der Lebensraum des Plattbauchs sind stehende Gewässer und Tümpel. Männchen mit blauem Hinterleib lassen sich leicht von den Weibchen unterscheiden. Sie kehren nach kurzer Zeit auf ihre Sitzwarten zurück.

Sonnenuntergang

93

Die Wassernuss ist in unserem Gebiet der Rheinauen heute nicht mehr zu finden. Die Früchte erntete man einst als Nahrung in Notzeiten (1965).

Die Herbstmosaikjungfer fliegt erst von Juli an bis Oktober an stehenden Gewässern, oft in Ufernähe.

Paarungsrad

Der Wandergelbling ist hauptsächlich auf Kleefeldern und an Luzernen zu beobachten.

Greiskraut wächst auf Wiesen und an Waldrändern. Die weißhaarigen Köpfchen mit Samen sehen aus wie bei Greisen.

Gilbweiderich findet man an Gewässerrändern und auf nassen Böden. Er ist die einzige Art in Deutschland, die mit Ölen Insekten anlockt.

Marienkäfer, frisch geschlüpft und noch auf der Larvenhülle sitzend.

Der Siebenschläfer schläft von Oktober bis April, also sieben Monate.

Der Distelfalter legt seine Eier einzeln an Disteln ab, manchmal auch an anderen Pflanzen. Im Herbst kann man gelegentlich einen Massenabzug nach Süden erleben.

Ein Blatt am seidenen Faden

Der Breitblättrige Rohrkolben wächst an nährstoffreichen Gewässern und Sumpfböden. Als „Lampenputzer" diente er in Zeiten ohne elektrischen Strom.

Der Ästige Igelkolben wächst an nährstoffreichen Gewässern. Bis zu 12 Monate können die Früchte schwimmend überleben.

Die Sumpfwolfsmilch kann 1,50 Meter hoch werden und ist auch zwischen Schilfflächen zu finden.

Auf Sand- oder Lehmböden und auch im Überschwemmungsbereich wächst der Raue Wiesenalant.

Der Wiesensalbei ist in den Rheinauen auf Wiesen, an Wegrändern und zwischen hohem Gras auf den Rheindämmen vertreten. Er charakterisiert die Salbei-Glatthaferwiese mit meist vielen Blütenpflanzen.

Wenn Sie einen Garten besitzen, sind Ihnen an sonnigen Plätzen bestimmt schon Wanzen aufgefallen.

Glasflügelwanzen

Baumwanze

Streifenwanzen

Überwiegend Larven (Nymphen) der Feuerwanze

Die Silberpappel wächst in der Aue, gedeiht aber auch im Moor und auf Sandboden.
Sie ist nur selten ursprünglich, meist verwildern Zierpflanzen.

Die Bartmeise, hier ein Männchen, kann man in den Schilfflächen der Wagbachniederung beobachten. Sie profitiert von den milden Wintern.

Ein sehr dorniger Strauch ist der Weißdorn. Als Baum kann er eine Höhe von 10 Metern erreichen.

Beim Pfeilkraut zeigen nur die Luftblätter die Pfeilform.
Für Gartenteiche ist das Pfeilkraut sehr zu empfehlen, es sollte aber in der Gärtnerei erworben werden.

Der Dornige Hauhechel, eine wärmeliebende Pflanze, wächst auf den Inselwiesen. Der wissenschaftliche Name (*Ononis spinosa:*) deutet auf (ehemalige) Weidenutzung solcher Wiesen hin.

Wolliger Fingerhut, 1972 beim Markgräflichen Gewässer gefunden. Das ist eine Zierpflanze, die nur sehr selten verwildert.

Wiesenstorchschnabel, auf den Wiesen und Rheindämmen stark vertreten. Die Früchte gaben den Namen.

Pilze tragen dazu bei, dass die am Boden liegenden oder kahl stehenden Bäume schneller vermodern.

109

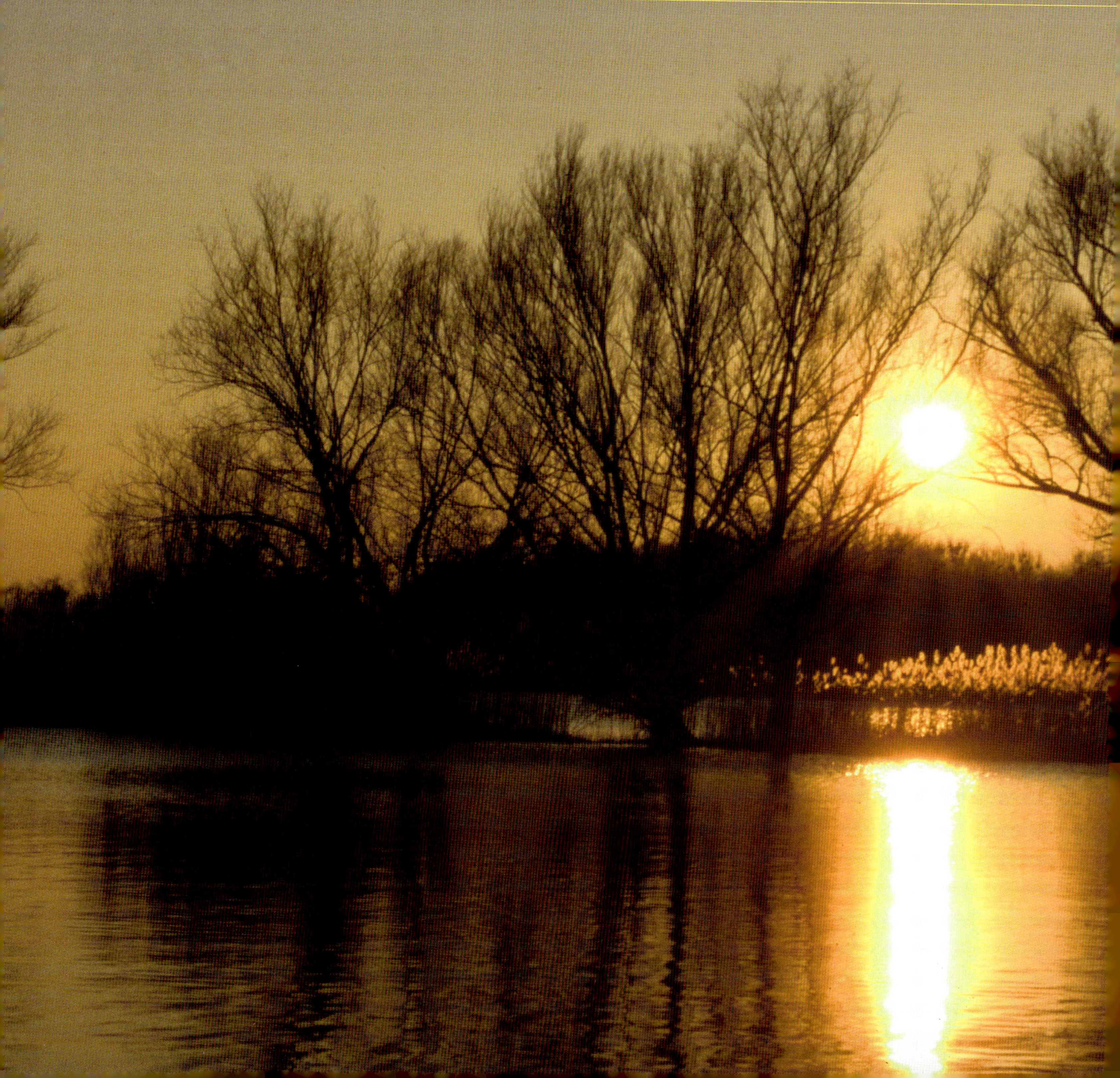

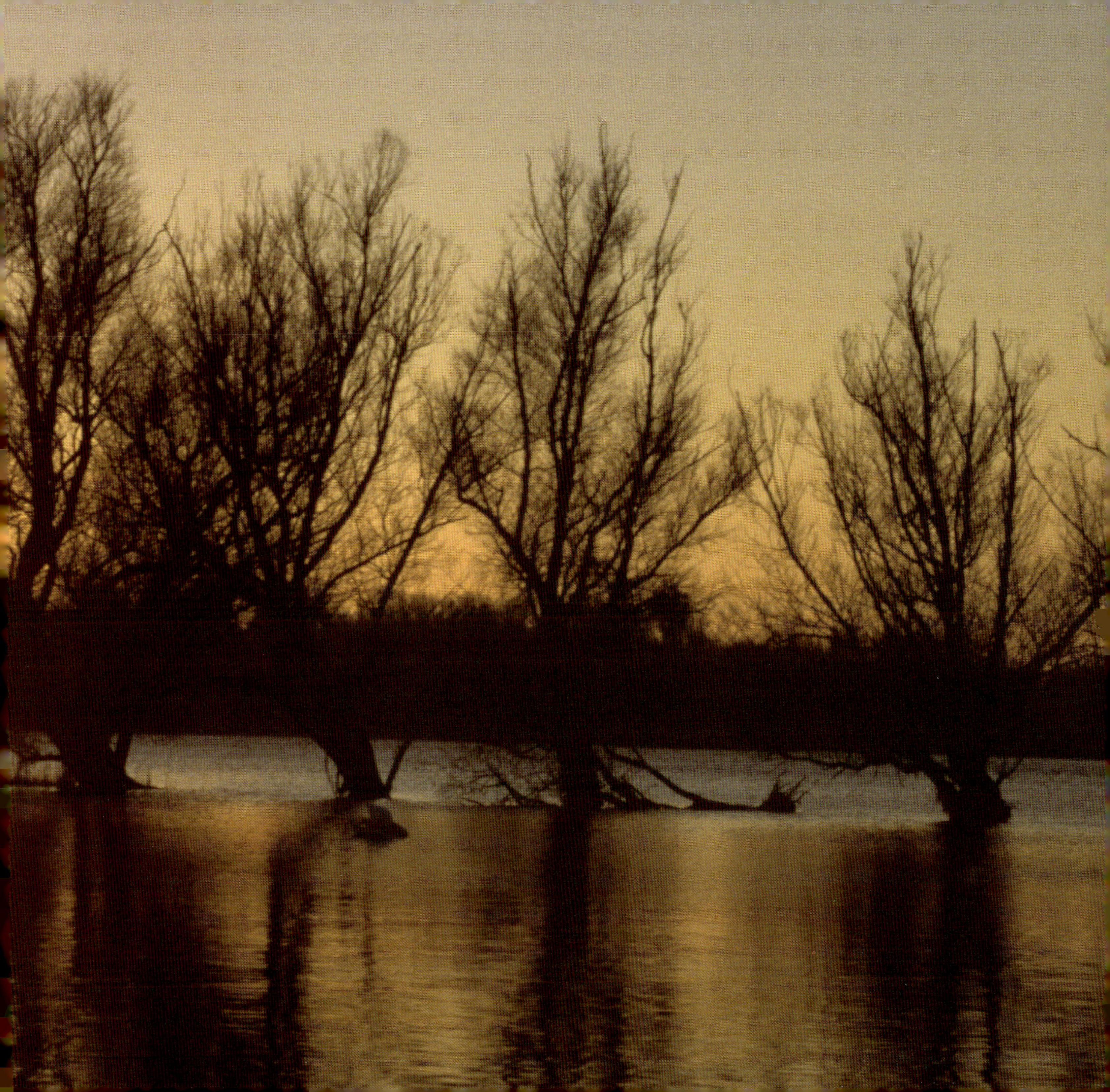

Vorhergehende Doppelseite: Ein schöner Sonnenuntergang am Fermasee, der durch sein warmes Licht das Schilf aufleuchten lässt.

Weiße Seerosen bei den Saumseen bei Daxlanden

Der Teichrohrsänger hängt sein Nest zwischen mehrere Einzelhalme im Schilfgürtel.

Der Schwalbenschwanz und seine Raupen sind gern an der Wilden Möhre und auch an ihrer Zuchtform im Garten.

Das Ackerstiefmütterchen ist weißgelb bis violett oder auch zweifarbig. Es wächst auf Äckern oder Unkrautfluren.

Ein Heuhüpfer, noch im Morgentau. Diese kleinen Schrecken sind häufig, aber schwer zu unterscheiden.

In unserer Gegend ist die Schwanenblume eine große Seltenheit, anderswo nutzt man die Rhizome zur Gewinnung von Stärke (Mehl).

Der Schopftintling ist als junger Pilz essbar. Später zerfließt er zu einer schwarzen Masse wie Tinte.

Pilze und Farne an einem halbvermoderten Stamm

Spechttintling, ein giftiger Pilz

Als Waldbaumschädling gefürchtet, als Speisepilz geschätzt: der Hallimasch

Farnwedel vor dem Ausrollen und Entfalten im Frühjahr

Der Wasserläufer verbringt fast sein ganzes Leben auf dem Wasser, dessen Oberflächenhaut ihn trägt.

Der Wasserschlauch ist eine fleischfressende Pflanze. Die gelbe Blüte ist außerhalb des Wassers. Die Fangbläschen zum Einfangen kleiner Wasserinsekten sind unter Wasser (1995 Baggersee Daxlanden).

Rehe sind wenig gesellig. Kleine Gruppen sind meist „Familienverbände", größere „Sprünge" nur Zwangsgemeinschaften in äsungsarmer Umgebung.

Ein fast geschlossenes Blätterdach am Federbach

Der Kleine Heufalter ist in fast ganz Europa heimisch – in einem breiten Spektrum offenen Graslandes.

Froschkonzert an einem Teich bei Daxlanden

Das Spinnennetz einer Kreuzspinne

Ein Grashalm im Morgentau

Feuerwanze

Die Wilde Malve, auch Rosspappel genannt, ist selten. Die Standorte können sehr verschieden sein.

Es ist immer ein schönes Bild, wenn man den Höckerschwan mit seinem anmutig gebogenen Hals in unseren Seen in den Rheinauen schwimmen sieht.

Die Weinbergschnecke ist die bei uns bekannteste Schneckenart.

Sehr variabel sind die Farb- und Bändervariationen bei der Weißmündigen Bänderschnecke.

Im Sumpfgebiet am Hedel

In Parks sind die Eichhörnchen oft futterzahm.

Ein rostfarbiger Dickkopffalter

Männchen der Feldgrille vor seiner selbstgegrabenen Wohnröhre. Bei der kleinsten Erschütterung verkriecht es sich.

Wespen mögen Süßes und kommen an Fallobst.

Die Singdrossel beim Füttern ihrer Jungen

Vom Landkärtchen fliegen zwei Generationen im Jahr: eine Frühjahrsgeneration und die Sommergeneration auf dieser Aufnahme.

129

Ein Baumgesicht

Die Larven des Nashornkäfers entwickeln sich eigentlich in morschem Holz, es geht aber auch in Rindenmulch und Gartenkompost.

Die Zecke lebt in Wäldern oder auf Wiesen. Die Weibchen brauchen zur Entwicklung ihrer Eier eine Blutmahlzeit. Die Männchen dagegen sind Vegetarier.

Auf nährstoffreichen Böden in Bruch- und Auwäldern wächst die Sumpfdotterblume. Sie ist wirklich eine „Butterblume", denn mit Saft aus ihren Blütenblättern hat man früher die Butter gefärbt.

In Auwäldern findet sich auch der Waldstorchschnabel, der seine Samen über zwei Meter weit wegschleudern kann.

Als Gartenpflanze ist das Indische Springkraut nach Europa gekommen und hat auch in den Rheinauen Fuß gefasst. Es schleudert die Samen bis über sechs Meter weit und befindet sich immer noch in zum Teil beunruhigender Ausbreitung.

Schwebfliege auf einer Glockenblume

Blutströpfchen oder Widderchen saugen Nektar an Blüten und lassen sich wegen ihrer Giftigkeit kaum dabei stören.

Weide am Federbach

Auf Wiesen und auch in Gärten sucht das Grüne Heupferd nach Raupen, Fliegen und Blattläusen.

Die Graugans brütet in der Wagbachniederung. Gut beschützt werden die Gössel beim Ausflug bewacht.

Streitende Graugänse

Der Kuckuck ist ein Brutparasit, weil er seine Eier in fremde Nester legt.
Als Nahrung dienen Raupen, vor allem solche mit langen Haaren, von denen viele Schädlinge sind.

Langflügelige Schwertschrecken sind Randbewohner von Schilfzonen und Wiesen.

Der Kaisermantel ist in Europa weit verbreitet und ein typischer Waldschmetterling, der neuerdings auch in Gärten kommt. Seine Eier legt er einzeln auf Baumrinde ab.

Der Auenwald mit seinen Wassergräben ist wie geschaffen für den Wasserdost.

Der Rote Fingerhut ist seit Jahrhunderten als Heilpflanze in Gebrauch, auch wenn man heute andere Arten der Gattung anpflanzt.

Je nach Wetterlage kann der Aurorafalter schon im März angetroffen werden. Die Raupen leben auf Wiesenschaumkraut.

Der Haubentaucher baut ein völlig freies Schwimmnest.

Baumflechten wachsen auf der Rinde von Bäumen. Flechten sind Doppelwesen aus Pilzen und Algen. Hier zwei Arten auf Ästen und Rinde von Bäumen.

Nektar sammelnde Honigbiene auf einer Skabiose

Löwenzahn von der Blüte bis zum reifen Fruchtstand

Von Weitem zu erkennen ist der Zottige Klappertopf an den gelben Blüten mit dem zottig behaarten Kelch und dem violetten Zahn an der Oberlippe.

Auf feuchten Wiesen in der Aue ist auch die Kuckuckslichtnelke vertreten.

Die Wilde Karde ist von Kopf bis Fuß eine stachelige Pflanze.

Auf Wiesen und an Rheindämmen ist das Echte Labkraut mit seinen gelben Blütenrispen nicht zu übersehen.

Echtes Seifenkraut

Prachtnelke

Hopfen

Klatschmohn

Eine schöne Fläche mit Schwimmfarn am Rußheimer Altrhein. Hier nicht, aber insgesamt ist die Pflanze vom Aussterben bedroht.

Die Schwarze Königskerze zeigt den wichtigsten Teil der Blüte durch schönen Kontrast zwischen Staubfaden und Staubbeutel.

Die Nesselblättrige Glockenblume wächst an allen krautreichen Säumen, hier am Straßenrand zwischen Neuburgweier und Au am Rhein.

Das Gemeine Leinkraut hat Blätter wie Lein (= Flachs). Im Volksmund hat die weit verbreitete Pflanze deshalb auch den Namen „Frauenflachs".

Altrheinidylle am Rappenwörth (2008)

Naturschutzgebiet Bremengrund (2003)

Das Weißsternige Blaukehlchen auf seiner Singwarte in der Wagbachniederung. Hier hat die Art eine beruhigend hohe und stabile Population.

Die Ringelnatter erreicht eine Länge von einem Meter und ist an den beiden halbmondförmigen Flecken am Hinterkopf zu erkennen.

Die Gelbe Teichrose ist in unseren Seen sehr selten, dafür häufiger an Ententeichen.

Die wunderschönen Blüten und Früchte vom Bittersüßen Nachtschatten, einer in allen Teilen giftigen Pflanze

Die roten Früchte des Pfaffenhütchens, die den orangefarbenen Kern umhüllen. Rotkehlchen fressen die Früchte und speien den Kern wieder aus.

Das Laub der Bäume nimmt schon langsam die goldgelbe Farbe an.

Gut sichtbar sind die Samen der Waldrebe, einer Liane, die im Auwald richtige „Gardinen" bildet.

Ein kleiner Zweig mit den Früchten der Stiel-Eiche – noch vor 150 Jahren Grund genug, die Schweine zur Mast in die Wälder zu treiben.

Ob dieser Mäusebussard wohl ein Opfer im Auge hat? Er braucht unbedingt den Überblick. Eine Stange mit Querstange – eine Jule – wird schnell angenommen.

Störche am Rheinufer bei Maxau sind seit der Erholung der Storchenbruten nicht mehr ungewöhnlich.

Die Schwanzmeise baut ein mit Wolle und Federn verfilztes, kugeliges Nest mit seitlichem Eingang, meistens dicht an einen Stamm.

Das Teichhuhn auf seinem Schilfnest

Langsam wird es Herbst in der Rheinaue.

Blaue Abendstimmung am Fermasee

Rotkehlchen an einem Futterplatz. Es braucht Deckung und Weichfutter.

Der Eichelhäher hat sich die Eichel aus dem Versteck geholt, um zu überleben.
Nicht alle findet er aber wieder!

Ein Regen bei Frost hat die Zweige der Sträucher mit Eis überzogen.

Eiskugeln verzaubern die Spitzen der blattlosen Zweige.

Schwanenversammlung an einer eisfreien Stelle am Illinger Altrhein

Fermasee im Winter

Silberweiden mit Raureif am gefrorenen Hedel

Verschneite Auenlandschaft am Hedel

Winterimpression